Couverture inférieure manquante

SUPPLÉMENT

A LA

CORRESPONDANCE DE NAPOLÉON I

L'EMPEREUR ET LA POLOGNE

PARIS

AU BUREAU DE L'AGENCE POLONAISE DE PRESSE
45, RUE DE RENNES, 45

1908

SUPPLÉMENT

A LA

CORRESPONDANCE DE NAPOLÉON I

SUPPLÉMENT

À LA

CORRESPONDANCE DE NAPOLÉON I

L'EMPEREUR ET LA POLOGNE

PARIS

AU BUREAU DE L'AGENCE POLONAISE DE PRESSE

45, RUE DE RENNES, 45

1908

PRÉFACE

« J'aime les Polonais et j'en fais grand cas... Le partage de la Pologne est un acte d'iniquité qui ne peut se soutenir... Après avoir terminé la guerre en Italie, j'irai moi-même, à la tête des Français, pour forcer les Russes à restituer la Pologne ; mais... les Polonais ne doivent pas se reposer sur des secours étrangers,... ils doivent s'armer eux-mêmes, inquiéter les Russes, entretenir une communication dans l'intérieur du pays. Toutes les belles paroles qu'on leur contera n'aboutiront à rien. Je connais le langage diplomatique et l'indolence des Turcs. Une nation écrasée par ses voisins ne peut se relever que les armes à la main » [1].

Il mentait. — Non dans l'expression de ses sentiments : ils étaient sincères. Non dans la définition du devoir des patriotes polonais : elle était juste. Mais, en faisant de vagues promesses de secours, il mentait.

Ces promesses n'étaient pas d'une valeur plus réelle que celles qu'on avait faites aux réfugiés polonais à Constantinople. S'il y a eu de la vérité dans ces mots-là, elle y était malgré lui, semblable à une triste voix du destin, à une vision prophétique de la campagne de 1812.

Il prodiguait seulement des paroles de vive sympa-

---

1. Paroles de Napoléon Bonaparte rapportées par son aide de camp Sulkowski, dans une lettre datée du quartier-général de l'armée d'Italie près de Legnano, le 15 septembre 1796 (*Mémoires de Michel Oginski*, t. II, p. 229-230.)

thie. Jamais il ne voulut prodiguer le sang français dans les sables et marais de la Pologne. Même à cette époque des élans, de la jeunesse, des prodiges d'énergie, il avait trop le sens de la réalité pour ne pas voir toutes les difficultés, toutes les complications, toute la témérité de cette guerre lointaine avec les trois puissances copartageantes.

Déjà comme signataire des préliminaires du traité de Léoben, il se sentit gêné par la présence des légions polonaises en Italie. Il voulut s'en débarrasser. Ce n'est plus l'Autriche, c'est l'Egypte qu'on va conquérir. Au lieu de se frayer un passage en Galicie par la Hongrie, les Polonais devaient menacer par Suez les Indes anglaises [2].

Au dernier moment, ce ne sont, parmi les Polonais, que quelques officiers supérieurs [3] qui mettent la main à l'œuvre de l'expédition d'Egypte. Les autres restent en Italie pour défendre les créations de Bonaparte pendant son absence, pour s'opposer à l'invasion des Russes. Loin de leur patrie anéantie, ils cherchent, une fois encore, à barrer à leurs ennemis la voie d'une influence prépondérante et dangereuse pour la marche de la civilisation européenne [4].

Dans la guerre de l'an VIII, les légions polonaises furent à peu près exterminées, et à peine étaient-elles parvenues à se réorganiser, pour acquérir, sur le Danube, une gloire nouvelle, que le Premier Consul lui-même les sacrifia dans le traité de Lunéville.

La moitié des légionnaires alla mourir dans les hôpitaux de Saint-Domingue [5], beaucoup retourné-

2 *Notes de voyage du général Desaix; Suisse et Italie.* (Carnet de la *Sabretache*, a. 1898, p. 811, 818.)

3. Sulkowski, Zajaczek, Lazowski.

4. Chodzko : *Histoire des légions polonaises en Italie* (Paris, 1830).

5. Registres des Archives administratives de la Guerre : Troupes coloniales, 112ᵉ, 113ᵉ, 114ᵉ demi-brigades de ligne, ex-légions et demi-brigades polonaises (Saint-Domingue), an XI.

rent dans leur pays, mais plusieurs restèrent encore au service de la France. Malgré toutes les clauses des traités solennels qui scellaient la ruine de leur patrie, ils gardèrent l'espoir dans l'avenir. Cet espoir d'hommes souvent simples et naïfs, c'est le résumé de toute la philosophie de l'histoire napoléonienne.

Héritier de la Révolution, il a à résoudre le grand problème de la question polonaise[6]. Comme il a reconstruit, rebâti la France, bouleversée de fond en comble par les crises douloureuses de l'époque révolutionnaire, il a à rebâtir l'Europe, profondément bouleversée, elle aussi, par la grande révolution territoriale qui a anéanti la Pologne.

Il aborde, il touche plusieurs fois ce problème terrible, et il ne veut pas le résoudre: il ne veut pas entreprendre cette tâche immense. — A Austerlitz, il voit l'alliance des trois Cours copartageantes qui reprend de la vie pour se retourner contre la France. Il brise l'armée russe et l'armée autrichienne, mais en vain l'attend-on à Varsovie, alors prussienne[7]. Il rejette les projets de Dabrowski, il ne prononce pas, à ce moment, le nom de Pologne. Mais voici dix mois d'écoulés, et c'est la Prusse qui se présente au champ de bataille. Cette fois, on doit tenir compte de la question polonaise, parce que la moitié du royaume de Hohenzollern est composée de provinces polonaises. Néanmoins, au commencement de la guerre de 1806, toute l'action, basée sur le caractère hétérogène de l'Etat et de l'armée en Prusse, est extrêmement limitée. Ce n'est pas une action politique, mais

6. Askenazy : *Dwa stulecia*. (Deux siècles : Les causes de la campagne de 1812) Varsovie, 1902.

7. Joachim, grand duc de Berg, à l'Empereur, Varsovie, le 29 novembre 1806 : « Lorsque Votre Majesté marchait de Vienne en Moravie, le bruit se répandit aussitôt en Pologne que vous alliez déclarer son indépendance et lui donner un roi. » (Skalkowski : *O czesc imienia polskiego*, Lwow, 1908, p. 14.)

strictement militaire. Il ne s'agit de rien de plus que tout simplement « *d'envoyer des officiers aux avant-postes de l'armée française pour recueillir les déserteurs prussiens et les organiser* [8]. » On donne des ordres pour rassembler « tous les officiers polonais qui sont employés aux états-majors de l'armée d'Italie, et qui ne servent pas dans des régiments [9] ».

On va décréter la création de deux légions du Nord [10], mais on ne leur donne pas une empreinte nationale polonaise bien marquée, leur commandement ayant été confié à des hommes dont l'initiative patriotique était presque nulle.

Les sujets polonais du roi de Prusse restent tranquilles et loyaux. Le gouvernement prussien n'éprouve même aucune difficulté sérieuse pour recruter ses officiers parmi les nobles de la Posnanie [11]. Ils n'étaient donc pas nombreux, ces Polonais qui, dans la matinée du 14 octobre 1806, regardaient, du plateau de Iéna, le désastre de l'armée allemande. Mais leur heure a sonné.

Elle a sonné malgré la volonté de l'Empereur. Jamais sa décision dans la question de Pologne ne fut bien précise; pas plus en 1809 et 1812 qu'à cette

8. Napoléon au général Dejean, Saint-Cloud, 20 et 24 septembre 1806 (*Corr.*, xiii, p. 232, 261).

9. *Mémoires et correspondance politique et militaire du prince Eugène*, publiés, annotés et mis en ordre par A. Du Casse, t. III, p. 162-3.

10. 23 septembre 1806, Saint-Cloud. *Extrait des minutes de la secrétairerie d'Etat. Art.* 1. Il sera formé une seconde légion sous le nom de deuxième légion du Nord, qui se réunira à Nuremberg. *Art.* 2. Le général Henry (Henri Wolodkowicz) sera nommé chef de cette légion. *Art.* 3. Elle portera le costume polonais. *Art.* 4. Le cadre du 1er bataillon sera formé sans délai. Les trois quarts des officiers seront Polonais ou Allemands. On aura soin de n'y admettre que des déserteurs de troupes prussiennes et surtout des Polonais et des Français déserteurs.

11. Mémoires polonais de cette époque (Chlapowski, Bialkowski, etc.).

époque; il ne voulut transformer la guerre de Prusse en une guerre de Pologne, ni s'instituer « libérateur » des nations opprimées [12].

Le vrai caractère de la guerre apparaît au grand jour dans le décret du blocus continental [13], et voici comment s'en exprimait, peu de temps après, une proclamation [14] aux grenadiers : « *Nous avons conquis sur l'Elbe et l'Oder, Pondichéry, nos établissements des Indes, le cap de Bonne-Espérance et les colonies espagnoles.* » Au sujet de l'indépendance de la Pologne, il n'a jamais voulu s'expliquer trop nettement [15]. Certes, il n'a pas voulu « *indisposer* » les Polonais [16], il a cherché à se les « *concilier* [17] », mais sans prendre aucun engagement [18]. « *Sans écrire* », on leur a fait part du mouvement des armées françaises. Dabrowski, en publiant le célèbre manifeste du 3 novembre 1806 qui allait inaugurer l'insurrection de la Grande-Pologne, n'avait aucune autorisation formelle [19] de la part de Napoléon, il dut se contenter d'un vague encouragement : l'Empereur déclarait qu'il viendrait à Posen pour s'assurer si les Polonais sont dignes d'être une nation.

Sans doute, dans l'audience très solennelle, mais

12. *Notes sur un projet d'exposé de la situation de l'empire*, 18 mai 1807.

13. 21 novembre 1806.

14. 2 décembre 1806.

15. *Bulletin* du 1er décembre 1806 : « Le trône de Pologne se rétablira-t-il, et cette grande nation reprendra-t-elle son existence et son indépendance ? Du fond du tombeau, renaîtra-t-elle à la vie ? Dieu seul, qui tient dans ses mains les combinaisons de tous les événements, est l'arbitre de ce grand problème politique. Mais, certes, il n'y eut jamais d'événement plus mémorable, plus digne d'intérêt. »

16. Napoléon à Davout, 7, XI, 1806. (*Corr.* XIII, p. 492.)

17. Napoléon à Murat, 29, XI, 1806. (*Corr.* XIII, p. 587.)

18. Napoléon à Davout, 13, XI, 14, XI, 1806. (*Corr.* XIII, p. 530, 538.

19. Davout à Berthier, 5, XI, 1806. (*Foucart*, t. Ier, p. 47.)

qui n'en fut pas moins très confidentielle, accordée à
Berlin, aux députés du palatinat de Posen, on entendait
ces paroles bien sonores [20] : « *La France n'avait jamais reconnu le partage de la Pologne. Quand je verrai
30 à 40 000 hommes sur pied, je déclarerai à Varsovie
votre indépendance, et quand je l'aurai dit, elle sera im-
muable* ». Mais ces promesses n'étaient-elles pas uniquement
ment une volte-face diplomatique, une menace adressée
aux Cours de Prusse et de Russie pour leur pouvoir
dicter plus facilement les conditions de la paix? Le
séjour prolongé de l'Empereur dans la capitale prussienne a jeté « quelque inquiétude » parmi les Polonais [21]; non sans raison. Douze jours se sont à peine
écoulés depuis la promulgation de l'insurrection à
Posen, et voici que les rumeurs d'un armistice conclu
avec les Prussiens viennent refroidir tous les beaux
élans. Napoléon examine toutes les difficultés politiques d'une résurrection, même partielle, de la Pologne; il tâtonne, il sonde l'opinion de l'Autriche [22],
de la Turquie [23], il cherche à endormir, à apaiser les
inquiétudes [24] des ennemis de la veille, à éveiller, à
stimuler l'énergie des anciens alliés, à proclamer l'é-
quilibre de l'Europe orientale [25], à renouer les vieilles
traditions de la France, amie de la Suède et de la
Porte Ottomane. Mais, quand il envisage toutes les
difficultés militaires, au lendemain d'Eylau, il ne
recule pas même devant l'abandon complet de la

20. 19, xi, 1806. (*Corr.*, xiii, 551.)

21. Davout à Napoléon, Posen, 4, xi, Napoléon à Murat, 24,
xi, 1806 (*Foucart*, t. I⁰ʳ p. 93, 106, *Corr.*, xiii, 571.)

22. *Monographies concernant l'histoire moderné de la Pologne*, publiées sous la direction du professeur Askenazy, II⁰ volume par M. Loret : *De Iéna à Tilsitt.*

23. *Corr.*, xiii⁰ et xiv⁰ lettres à Selim III, instructions pour
le général Sebastiani à Constantinople.

24. Napoléon à Andreossy, ambassadeur à Vienne, I. xii, 1806
(*Corr.*, xiv, 6.)

25. Napoléon à Cambacérès, le 13 novembre 1806.

Pologne. Il voudrait la sacrifier à la Prusse ou à la Russie pour acheter une alliance [26]. Contraint de continuer la guerre, il ne cesse pas de guetter la première occasion favorable pour y mettre fin. Il la trouve après Friedland, il la saisit à Tilsitt. — Le trône de Pologne ne fut pas rétabli et on a créé à peine à sa place, une modeste dépendance de la maison de Saxe.

Ce traité a « mortifié » la plus grande partie de la nation [27]. Tous les espoirs tombèrent, tous les rêves s'évanouirent. Il eut un retentissement douloureux très vif en Galicie, en Volhynie, en Lithuanie.

Heureusement, on ne voulut bientôt croire ni à la stabilité de la paix ni à celle de l'alliance russe. Plus heureusement encore, l'Etat nouveau-né ne paraissait nullement disposé à mourir malgré les conditions économiques et politiques les plus déplorables. Ruiné par le blocus continental, découragé par l'hostilité mortelle des grandes puissances voisines, il montra une étrange vitalité. C'est l'âme même de la vieille Pologne qui avait passé dans le faible organisme du Duché de Varsovie. Elle ressuscite son énergie, lui rend la mémoire de son passé glorieux; elle le rappelle à ses grandes destinées, l'imprègne de grandes traditions. C'est le maréchal de la dernière diète de la République, qui devient le chef du nouveau gouvernement, c'est l'ancien lieutenant de la Couronne, prince Joseph Poniatowski, qui commande la jeune armée.

La guerre de 1809 révèle toute la valeur de cette nouvelle création politique, en même temps qu'elle démasque toute l'hostilité latente de la Russie. Mais

26. Napoléon à Talleyrand, 9 février; au roi de Prusse, 13 février 1807. Instructions données au général Bertrand. Napoléon à Talleyrand, 9 mars 1807 (*Corr.*, xiv, 301, 410.)

27. *Renseignements recueillis dans le voyage de Varsovie*, par l'officier d'ordonnance Falkowski, 27 février 1808 (Skalkowski : *O czesc imienia*, p. 306-9.)

si Napoléon n'avait plus beaucoup d'illusions sur le système adopté à Tilsitt et à Erfurt, s'il n'avait aucune confiance dans la stabilité de son alliance avec la Russie, il lui importait que toute l'Europe crût cette entente durable [28].

Certes, soldat sans reproche, il n'a pas voulu discuter le prix du sang versé par les Polonais, mais, au moins en apparence, il était lié par les stipulations de l'alliance avec Alexandre Ier. Il s'est donc donné beaucoup de peine pour agrandir le Duché de Varsovie sans rompre brusquement le traité de Tilsitt.

Après la ratification de la paix à Schoenbrunn, il chercha tous les moyens pour calmer la haine impitoyable de la cour de Saint-Pétersbourg contre le Duché, pour apaiser sa peur devant le fantôme de la Pologne régénérée. Il voulait « concourir » avec l'empereur Alexandre à tout ce qui aurait pu effacer le souvenir de la Pologne dans le cœur de ses anciens habitants. Il admettait que les mots de Pologne et de Polonais disparussent de toutes les transactions politiques [29]. Il déclarait au Corps législatif, par son ministre de l'intérieur, qu'il n'avait jamais eu en vue le rétablissement de la Pologne [30]. Mais en vain. La deuxième guerre de Pologne devenait inévitable.

Napoléon ne voulait pas croire à l'imminence de la crise. Longtemps avant la concentration de la Grande-Armée, les troupes russes étaient tout prêtes à envahir le Duché de Varsovie [31]. Mais, tous les efforts de l'empereur Alexandre pour se concilier

28. Champagny à Caulaincourt, 2 juin 1809. (ALBERT VANDAL, *Napoléon et Alexandre Ier. L'Alliance russe sous le premier Empire.* Paris, 1893, II. § 3.)

29. Champagny à Roumiantsof, 20, x, 1809.

30. Rapport de Montalivet lu le 13, publié dans le *Moniteur*, le 14 décembre 1809.

31. *Mémoires du prince Adam Czartoryski* et correspondance avec l'empereur Alexandre. (Paris, 1887), t. II, p. 249-278.

l'opinion polonaise restèrent sans grand succès. Ses promesses de rétablissement d'un royaume de Pologne indépendant furent à peine écoutées, ses bontés envers les Polonais de Lithuanie n'excitaient aucun enthousiasme. L'armée polonaise, dont l'épée semblait peser d'un poids décisif dans la balance, ne voulut jamais faire cause commune avec les Russes contre la France. Donc, l'armée moscovite renonça à la guerre offensive et Napoléon eut le loisir de faire d'immenses préparatifs pour la campagne de 1812.

Il mit d'autant plus d'éclat dans ces armements, qu'il se berçait de l'illusion de pouvoir finir la querelle par une grandiose manifestation belliqueuse. Cet espoir d'un accord avec la Russie ne lui permettait pas d'organiser la Pologne et de la mettre en état de conquérir ses vieilles frontières. Malheureusement, les Polonais ne savaient pas forcer la main de l'Empereur.

Certes, malgré toutes les différences ethniques qu'on retrouve dans les limites de l'ancienne Pologne, les flammes de l'insurrection pouvaient embraser tout le pays jusqu'aux bords de la Duna et du Borysthène. La présence des Allemands dans la Grande-Pologne et dans la Prusse occidentale ne paralysait pas les progrès de l'idée polonaise, en 1806. Mais, en 1812, on n'osait plus contrarier l'omnipotente volonté de l'Empereur, on le suivait, avec une résignation silencieuse, dans sa marche sur Moscou.

On le suivait aussi dans la retraite, même bien loin au-delà des pays polonais. C'était un devoir. Malgré toutes ses fautes, Napoléon avait beaucoup travaillé pour la Pologne; on ne voulait donc pas l'abandonner à la veille de son combat contre toutes les forces de l'Europe coalisée. La dignité de la nation polonaise était là en jeu. — Quelques jours avant la bataille de Leipsig, le prince Poniatowski proclamait: « Bon courage et continuez à faire bien sonner le nom de Polonais. Nous pouvons et nous devons tenir à ce

dicton : Tout peut être perdu, sauf l'honneur » [32].
— Après la mort du prince, pendant la marche
vers le Rhin, quelques hésitations se manifestèrent
parmi les débris des troupes polonaises; la déser-
tion était considérable. C'était la faute de l'ineptie
du chef Sulkowski, la suite momentanée des grands
désastres. Mais bientôt on arrêta ces manifestations
du désespoir. L'honneur ne permettait pas de de-
mander quartier aux puissances victorieuses et la
politique interdisait des négociations infructueuses
avec les coalisés qui avaient mis dans les conditions
préliminaires de leur alliance l'anéantissement du
Duché de Varsovie.

On accompagna l'Empereur jusqu'aux frontières
de la France et on se laissa entraîner hors du Rhin.
Dans ce moment où « tout le monde » le trahissait,
où il ne pouvait « compter sur aucun étranger [33] »,
il se réfugiait pendant la campagne de 1814 dans les
solides carrés de bataillons polonais qui passaient
dans la garde [34]. Et les vœux de la nation polonaise
étaient toujours pour lui [35]. On oubliait le mal dont il

32. Dans une lettre adressée au général Weyssenhoff (*Mémoires
du général Jean Weyssenhoff*, annexes.)

33. *Corr.*, xxvi, 426, 427.

34. Houssaye : *1814* (Paris, 1888), p. 138, 155, 168, 183, 222,
259, 282, 307, 485, 586, 618, 628, 629.

35. *Oesterreichisches Haus-Hof-und Staatsarchiv*. St. Kanz-
lei, Provinzen : Galizien; Bericht des Hofrats Anton von Baum
an Metternich, Podgórze, den 19 April 1814. « Seit zwei Tagen,
als seit dem Zeitpunkt, wo die Besetzung der Hauptstadt Paris
und die Erklärung der verbündeten Mächte, dass sie nicht mehr
mit Napoleon Bonaparte, noch mit irgend einem Gliede seiner
Familie unterhandeln werden, hier zur allgemeinen Kenntniss
gelangte, sind die Patrioten in die tiefste Traurigkeit und Schwer-
mut versunken. Sie ergiessen sich nun in Verwünschungen über
den Leichtsinn und den Wankelmut der französischen Nation,
die ihren sogenannten Woltäter und Beschützer nicht mit der
notwendigen Anstrengung unterstützt und auf eine so schändliche
Art verlassen hat. Gewiss ist es, dass Napoleon Bonaparte unter

avait été souvent la cause, on n'oubliait pas le bien dont il était le promoteur, à cette époque pleine de sang et de larmes, mais aussi pleine de sacrifices volontaires et de grandes espérances. La charrue de la guerre avait remué les sillons de toute la Pologne, en Silésie et près de Danzig, en Lithuanie et près de Smolensk. « L'acte d'iniquité », l'acte du partage s'est « soutenu », mais il était ébranlé et profondément modifié. On ne pouvait plus nier le résultat évident de ces guerres d'un quart de siècle : la nation démembrée n'était pas morte.

Juillet 1908.

Adam SKALKOWSKI.

allen Völkern von Europa in diesem Lande die treuesten Anhänger gefunden hatte. Si haben ihm die Blüte ihrer Jugend, ihr Vermögen, ihren Wolstand, ihre eigene Existenz, jedoch nicht wie in Frankreich und in den ehemaligen Bundesstaaten durch Anwendung gewaltsamer Mittel, sondern grossenteils freiwillig geopfert. Solche Opfer können nicht leicht vergessen werden und müssen in den Gemütern der Patrioten den tiefsten Eindruck zurücklassen ».

I. — **Lettre au ministre de la guerre (Schérer)** [36]

Paris, le 17 nivôse an VI Rép. (6 janvier 1798).

Le citoyen Zayonchek [37] a servi à l'Armée d'Italie avec beaucoup de zèle. C'est un des compagnons de Kosciuszko qui s'est acquis le plus de réparation en Pologne. Lorsque l'Armée d'Italie passa de la Carinthie en Styrie, je donnais à ce général le commandement d'une colonne d'observation pour favoriser une jonction avec le Tyrol. Il *s'est* [38] acquitté avec autant de talent que d'utilité pour l'armée de cette commission délicate. Je vous salue.

BONAPARTE.

36. *Archives administratives de la Guerre*, dossier du général Zayonchek, 366.

37. Le secrétaire a écrit : Zahonchek. Il s'agit du général Joseph Zajaczek, dont le nom était prononcé en français Zayonchek. Né à Kaminiek, palatinat de Podolie, le 1er novembre 1752, a servi en Pologne depuis 1768 jusqu'à l'époque de la bataille de Prague en 1794 où il fut blessé de deux coups de feu. Admis au service de la France en qualité du général de brigade le 18 ventôse, an V (8 mars 1797).

38. Les mots en italique sont de la main de Bonaparte.

II. — Arrêté qui ordonne la réunion
des deux légions polonaises [39]

Paris, le 21 pluviôse an VIII de la République française, une et indivisible (10 février 1800).

Les Consuls de la République, sur le rapport du ministre de la guerre [40], arrêtent :

« ARTICLE PREMIER. — Les première et deuxième Légions polonaises, employées à l'Armée d'Italie, seront sur-le-champ réunies en une seule Légion qui demeurera attachée à cette armée.

« ART. 2. — Cette Légion sera formée à l'instar de celle qui s'organise à l'Armée du Rhin, d'après la loi du 22 fructidor an VII.

« ART. 3. — La commune de Marseille est désignée pour lieu de rassemblement de cette Légion.

« ART. 4. — Le ministre de la guerre demeure

39. *Archives nationales*, A. F. ᴵᵛ pl. 30 (*Bulletin des lois*, vol. XVI, p. 11.) En marge : Les expéditions ont été envoyées aux ministres de la guerre et de la justice le 22 pluviôse.

40. Rapport aux Consuls de la République, fait par le ministre de la Guerre, pluviôse an VIII. « Le premier Consul m'a envoyé le rapport que je lui avais présenté, relatif à la formation d'une Légion polonaise à l'Armée d'Italie, en me chargeant d'examiner, si cette disposition pouvait se concilier avec la loi. — J'ai l'honneur de lui observer, que la loi du 22 fructidor porte ce qui suit : *Art. 1ᵉʳ.* « *Le Directoire exécutif est autorisé à créer et à prendre à la solde de la République, une nouvelle Légion polonaise* ». Ainsi le Corps législatif reconnaissait déjà alors l'existence des Légions polonaises. — » Alexandre Berthier.

chargé de l'exécution du présent arrêté, qui sera imprimé au *Bulletin des lois.* »

BONAPARTE,

III. — Arrêté concernant l'organisation des légions polonaises[41]

Paris, le 22 ventôse an VIII (13 mars 1800).

Les Consuls de la République, sur la proposition du ministre de la guerre[42], arrêtent :

« ARTICLE PREMIER. — Il n'y aura point de cavalerie dans la première Légion polonaise, employée à l'Armée d'Italie.

41. *Archives Nationales*, A. F. ᶦᵛ pl. 37. En marge : Envoyée l'expédition le 22 ventôse au ministre de la guerre.

42. Rapport aux Consuls de la République fait par le ministre de la guerre, ventôse, an VIII. » ... Le général Dabrowski... observe que les éléments qui serviront à composer (le nouveau corps), ne peuvent permettre d'organiser la Légion polonaise d'Italie de la même manière que celle du Rhin, d'après les motifs suivants.

« 1° La cavalerie qui a existé dans les Légions d'Italie, n'a été formée que postérieurement à l'entrée de l'armée française dans les États de Naples ; elle devait composer un régiment, qui n'a jamais pu être organisé qu'à moitié et monté par de chevaux tirés des haras de ce pays, mais ses pertes, pendant la campagne et surtout depuis la retraite, ont été tellement multipliées que cette troupe est aujourd'hui presque entièrement anéantie et que si l'on persiste à vouloir former quatre escadrons de cavalerie et une compagnie d'artillerie à cheval, il faudra beaucoup de temps et de dépense avant d'y parvenir.

« 2° Il existe maintenant un fonds de six bataillons d'infanterie et, en outre, un bataillon d'artillerie, nombreux en hommes et complets en officiers, il y avait donc un excédent considé-

« ART. 2 .— Les quatre escadrons de cavalerie et la compagnie d'artillerie à cheval qui, par assimilation à la loi du 22 fructidor, relative à la création de la Légion polonaise du Rhin, doivent faire partie de la Légion d'Italie, seront remplacés par trois bataillons d'infanterie, composés comme les quatre premiers et par un bataillon d'artillerie à pied composé de cinq compagnies, chacune de quatre-vingt-sept hommes, y compris les officiers.

« ART. 3. — Ce qui existe encore de l'escadron de cavalerie polonaise de l'armée d'Italie sera envoyé à Metz pour être incorporé dans la cavalerie de la deuxième Légion polonaise du Rhin.

« ART. 4. — Le ministre de la guerre est

rable en infanterie, tandis qu'il existe peu de moyens de créer une cavalerie pour cette légion.

« D'après ces faits, tout présente comme plus avantageuses les vues du général Dabrowski, lesquelles consistent à donner à la Légion polonaise une organisation adaptée aux circonstances où elle se trouve, et différente de celle de la Légion du Rhin. L'état comparatif va faire connaître quelles seront leurs dissemblances.

Organisation de la Légion polonaise du Rhin créée par la loi du 22 fructidor, an VII.	Organisation demandée pour la Légion polonaise d'Italie.
Quatre bataillons d'infanterie.	Sept bataillons d'infanterie.
Quatre escadrons de cavalerie.	Un bataillon d'artillerie de cinq
Une compagnie d'artillerie légère à cheval. Force totale y compris les officiers, 5 970 hommes.	compagnies. Force totale : environ 9 000 hommes.

De cette manière, la Légion polonaise d'Italie... serait très promptement formée et en état d'agir contre l'ennemi commun ; enfin, elle n'exigerait de dépenses que celles indispensables pour l'armement et l'équipement... Alexandre Berthier. »

chargé de l'exécution du présent arrêté qui ne sera pas imprimé [43]. »

BONAPARTE.

IV. — Décret concernant l'organisation des chevau-légers polonais [44]

Finckenstein, 6 avril 1807.

Napoléon, empereur des Français, roi d'Italie, nous avons décrété et décrétons ce qui suit:

« ARTICLE PREMIER. — Il sera formé un régiment de chevau-légers polonais de la garde.

« ART. 2. — Ce régiment sera composé de quatre escadrons et chaque escadron de deux compagnies.

« ART. 3. — Chaque compagnie sera composée de:

Un capitaine;
Deux lieutenants en premier;
Deux lieutenants en second;
Un maréchal des logis chef;
Six maréchaux des logis;
Un fourrier;
Dix brigadiers;

43. Réorganisation en demi-brigades, loi du 21 frimaire an X; en Légion de la Vistule, lettre à Clarke, Bordeaux, 11 avril 1808. Décret concernant la création de la deuxième Légion de la Vistule *Corr.*, xix, p. 263, ed. 4°.

44. A. F. iv pl. 1698. M. Alexandre REMBOWSKI n'a pas retrouvé ce décret en publiant : *Sources documentaires concernant l'histoire du régiment des chevau-légers de la Garde de Napoléon Ier* (Varsovie, 1899).

Quatre-vingt-dix-sept chevau-légers;

Trois trompettes;

Deux maréchaux ferrants.

« Art. 4. — L'état-major sera composé de:

Un colonel-commandant;

Deux majors, *Français pris dans la garde*[45];

Quatre chefs d'escadron;

Un quartier-maître trésorier;

Un capitaine instructeur, *Français pris dans la garde*;

Deux adjudants majors *idem*[46];

Quatre sous-adjudants majors *pris parmi les Polonais qui ont servi dans les Légions en France.*

Un porte-aigle[47].

Quatre officiers de santé, dont deux de première classe et deux de deuxième ou de troisième;

Un sous-instructeur, rang de maréchal des logis chef;

Un vaguemestre, rang de maréchal des logis chef;

Un artiste vétérinaire;

Deux aides artistes vétérinaires;

Un trompette major;

Deux brigadiers trompettes;

Un maître tailleur;

Un maître culottier;

Un maître bottier;

Un maître armurier;

Un maître sellier;

---

45. Les mots en italique sont de la main de Napoléon.

46. C'est-à-dire *Français pris dans la garde.*

47. Biffé : Quatre porte-étendard. Barré aussi, mais de la main du secrétaire : un quartier-maître.

Un maître éperonnier;

Deux maîtres maréchaux ferrants.

« ART. 5. — Pour être admis dans le corps des chevau-légers, il faudra être propriétaire ou fils du propriétaire, être âgé de dix-huit ans au moins et de *quarante* au plus, et se pourvoir, à ses frais, d'un cheval, d'un habillement et d'un équipement et harnachement complets, conformément au modèle. Quant à ceux qui ne pourraient pas se monter, s'habiller et s'équiper sur le champ, il leur *en sera fait l'avance.*

Le cheval aura la taille de 4 p. 9 p. au plus et de *4 p. 6 p.* au moins.

« ART. 6. — Les chevau-légers polonais de la garde auront la même paie que les chasseurs de la garde.

« Ils auront les vivres, fourages et *les* masses conformément au tarif qui sera arrêté par le colonel général commandant la cavalerie de la garde.

« ART. 7. — La première mise *qui* sera avancée par le conseil d'administration à ceux qui n'auraient pas les moyens nécessaires *sera fournie par une* retenue *sur* leur solde à raison de *15* sols par jour [49].

« ART. 8. — Le conseil d'administration, la comptabilité et les registres seront organisés de la même manière que dans les régiments de

48. Biffé : il y sera pourvu par un fonds qui sera accordé au corps à cet effet, et par forme d'avance.

49. Dans la première rédaction, l'article 7 était conçu comme il suit : « Il leur sera donné, tous les trois mois, leur décompte d'habillement, de harnachement et équipement et de remonte, de même qu'à la Garde. Ils seront, en conséquence, tenus de s'entretenir de chevaux, habillement, équipement et harnachement ».

cavalerie de la garde. Les masses seront administrées par le conseil d'administration, sous l'inspection de l'inspecteur aux revues de la garde et du colonel général.

« ART. 9. — Les individus qui voudront entrer dans les chevau-légers de la garde se présenteront *sans délai* au prince Joseph Poniatowski, directeur de la guerre, auquel ils justifieront des qualités exigées par l'article 5 ci-dessus. Ils se présenteront ensuite *au major chargé de la formation qui, après en avoir passé la revue, les incorporera et inscrira à la matricule avec l'âge, signalement, pays de naissance, noms de père et mère. Ce contrôle sera soumis à la signature de nous* [50].

« ART. 10 .— Notre major-général, ministre de la guerre, est chargé de l'exécution du présent décret.

NAPOLEON.

V. — Allocution de l'Empereur à la députation de la Galicie, le 3 août 1809 [51]

« Je suis fort content de votre dévouement, vous me marquez par là que vous voulez devenir ce que vous avez été, mais on ne peut pas faire toujours ce qu'on veut. Je ne vous ai pas

50. Biffé : Ils se présenteront ensuite à l'officier que le maréchal Bessières aura préposé à Varsovie pour l'organisation du corps.

51. Dresdener Staatsarchiv 3578. Rapportée dans la lettre du général Nicolas Bronikowski, grand-maître d'hôtel du roi de Saxe, à Frédéric Auguste (Vienne, le 26 août 1809). ... « J'ai l'honneur d'annoncer à Votre Majesté que je fais partie de la

insurgés, je ne vous ai engagés à rien, je n'ai
pas fait comme dans le Duché de Varsovie, où,
étant arrivé j'ai fait lever la Grande-Pologne en
masse; il fallait bien alors les soutenir, et encore
l'ai-je pu faire, car j'étais vainqueur, et ne l'é-
tant pas, je les aurais abandonnés [52]. On ne fait
que ce qu'on peut. Je conviens que la France
n'a, dans ce moment-ci, d'autres alliés que la
Suède, la Perse, la Pologne et la Turquie; mais
la Pologne, c'est toujours un article sur lequel
toutes les négociations avec la Russie sont rom-
pues. La Russie sent fort bien qu'elle n'est atta-
quable que par la Pologne; maintenant par la ces-
sion de la Finlande qu'a faite la Suède, Péters-

députation de la Galicie, et que M. le comte Potocki (Ignace) m'a
apporté une lettre de créance du gouvernement galicien pour
cette charge, de même qu'à M. Matuszewicz; nous avons demandé une audience à S. M. l'Empereur par M. le Grand,
maréchal Duroc, auquel nous avons été obligés de détailler l'ob-
jet de notre mission et de remettre nos lettres de créance. Lorsque celles-là furent examinées, Sa Majesté nous a accordé une
audience pour le 3 août, à onze heures du matin... Au château
de Schönbrunn ... Sa Majesté nous a reçus avec sa bonté ordinaire. M. Potocki voulait tenir un discours, mais il fut prévenu,
un moment avant d'entrer, que Sa Majesté ne le voulait pas.
Après la présentation usitée, Sa Majesté l'Empereur a demandé
à ces messieurs : Quel chemin avez-vous pris pour venir ici?
combien de temps y avez-vous mis? de quelle partie de la Gali
cie arrivez-vous? quel gouvernement vous envoie? Sur cela,
M. Potocki répondit : que ce sont les anciens grands-États de la
Galicie et le nouveau gouvernement, établi par le prince Poniatowski, qui nous députe vers Votre Majesté pour porter au pied
de son auguste trône l'hommage de notre soumission, et en
même temps implorer sa bonté de nous prendre sous sa haute
protection. Sur cela, l'Empereur répondit, et voilà, à peu près,
ce que j'ai pu retenir de ce qu'il nous a dit pendant une heure
d'audience ».

52. La ponctuation de l'original était modifiée.

bourg est mis à couvert. Malheur pour la Suède d'avoir eu un fou qui la gouvernait lorsque j'ai fait la guerre, l'an 1807. J'ai été obligé de partager mes forces et avoir 20 000 hommes du côté de Stralsund, où ces fous voulaient débarquer avec les Anglais. Si j'avais eu ces 20 000 hommes à la bataille de Friedland, et ceux que j'avais employés au siège de Dantzig, j'aurais repassé le Niemen et j'aurais rétabli la Pologne, quoiqu'encore l'Autriche eut bien pu contrecarrer ce projet avec 130 000 hommes qu'ils avaient là-bas, tout prêts en Galicie ,pour me les détacher sur le dos. Mais l'Autriche ne l'a pas fait, et peut-être ne l'aurait-elle pas fait, car le rétablissement de la Pologne ne lui est (pas)[53] aussi préjudiciable qu'à la Russie. Car, si j'étais empereur de Russie, je ne consentirais jamais à la moindre augmentation du Duché de Varsovie; au contraire, je le combattrais dix ans jusqu'à ce qu'il fût détruit, comme moi je me ferais tuer, et mes dix armées avec, pour défendre la Belgique; de plus, j'en ferais une onzième armée d'enfants et de femmes pour combattre et défendre tout ce qui serait au préjudice de la France. — Avec cela, je ne peux disconvenir que la Russie ne m'ait beaucoup aidé dans cette campagne. Vous direz qu'ils ne se sont pas battus comme vous. Oui, mais pourquoi? Parce qu'ils se sont joints à vous, vous, leur ennemi naturel, et si, au lieu de vous, ils eussent rencontré les Français, il se seraient battus car peu leur importe, si la maison d'Autriche est affaiblie

53. « Aurait » dans texte original.

par les Français, pourvu qu'il n'y ait rien de la Pologne dans tout cela. Mais vous trouvant là sans Français, ils savaient bien que vous ne combattiez les Autrichiens que pour vous agrandir, et il n'est pas de l'intérêt de la Russie de voir votre agrandissement d'un œil favorable. La France, non plus, ne peut s'engager à faire la guerre pour vous, car, pour vous soutenir, il lui faudrait envoyer 100 000 et même 150 000 hommes, car, avec 10 000 hommes qu'anciennement la France vous avait envoyés, elle n'a rien fait. — Je sais qu'en rétablissant la Pologne, c'est mettre une balance en Europe, mais, sans guerre avec la Russie, cette balance ne peut pas être rétablie, et vous sentez bien que la Russie n'y consentirait autrement qu'en étant forcée par une destruction totale de ses armées. — Le prince Poniatowski a fait une gaucherie de n'avoir pas pris, en mon nom possession de la Galicie. Les Russes ne se seraient jamais portés dans les endroits où mes aigles seraient arborés. Il ne l'a pas fait, et les Russes paraissent vouloir s'y établir. Vos troupes ne leur peuvent s'opposer que faiblement et encore comme alliés, vous ne devez pas le faire. Oui, je dis, il fallait la prendre en mon nom, cela aurait amené une guerre de mon cabinet avec le leur, et les choses se seraient arrangées, et l'avoir prise au nom du roi de Saxe, cela aurait attiré à ce prince une nouvelle guerre, non pas comme allié de la France, mais ç'aurait attiré une guerre personnelle entre lui et la Russie. — Vous me dites que la Russie n'a pas brûlé une amorce dans cette campagne. Qu'est-ce que cela me fait? Le but général n'est pas manqué, car, partout où les Russes se sont portés, les Autrichiens ont cédé, et, sans les Russes, le prince Poniatowski ne pourrait jamais se maintenir dans les deux Galicies. Partageant ses petites forces, il serait faible partout; les réunissant, il n'est fort que sur un point, et, par la Hongrie, l'invasion aux Autrichiens dans la vieille Galicie serait très facile. — Combien la Galicie nouvelle peut-elle compter d'habitants? Elle ne sera jamais en état de fournir autant de troupes que le Duché de Varsovie. Et quand même elle fournirait 60 000 ou 70 000 hommes, je répète qu'il faudrait, pour vous soutenir, que la France tienne là, tout prêts, 150 000 hommes, pour que la Russie ne vous attaque. Ainsi, vous sentez que le rétablissement de la Pologne dans ce moment-ci, est impossible pour la France. Je ne peux non plus entreprendre une guerre où les avantages de la France ne seraient que secondaires. Je ne veux pas faire la guerre à la Russie d'autant plus qu'elle ne se mêle pas à mes arrangements de l'Espagne, du Portugal et des Etats ecclésiastiques romains. — Puis, vous conviendrez que vous êtes une nation difficile à être menée. Je vous ai donné pour roi, certainement, un des princes, un des sages de l'Allemagne, et encore il y a quelques têtes chaudes qui voudraient trouver quelque chose à lui redire; mais ils ne peuvent rien trouver à lui reprocher. — Je ne disconviens pas non plus que j'ai une affection particulière pour votre nation. Il y a quelque rapport de société, quelque chose qui rappelle le français, vos usages et vos salons de société rappellent Paris. Mais toutes ces affections particulières ne comptent pour rien dans la politique. — Puis, supposons même que, par les arrangements des cabinets, la Russie consente au partage de la Galicie, on ne peut pas lui donner moins qu'à vous. Donc, cet agrandissement du Duché de Varsovie ne peut que déplaire aux Russes. Or, la Russie mettra obstacle et voudra la guerre; vous n'êtes jamais assez forts pour vous y opposer. La Prusse, toute faible qu'elle soit, voudra redemander son morceau. L'Autriche ne serait pas fâchée de garder la vieille Galicie. Ainsi, quand même vous joignez vos 60 000 hommes de la Galicie à ceux du Duché de Varsovie et que la Saxe y joindrait les siens, cela n'est pas suffisant pour s'opposer aux Russes. Donc, comment faire pour contenter les Russes? Chose que je ne sais pas encore .— Cependant, faites vos mémoires, dressez des projets, cela ne peut pas nuire, cela ne me compromettra pas, puisque cela ne sortira pas de mon cabinet, et, de tout ce que je vous ai dit, il ne faut *parler à personne* [54]. — L'enthousiasme des Galiciens est très naturel; mais je ne l'ai pas commandé. C'est tout simple qu'une armée menée par un général polonais, composée de Polonais, entrée dans un pays qui jadis fut Pologne, monte la tête à quelques jeunes gens qui se mettent du rang et montrent le désir de combattre pour leur patrie. Mais il n'y a pas de Français dans tout cela, et je ne me sens d'aucune obligation de faire, pour les Galiciens, ce que j'ai fait pour

54. Ces mots sont soulignés dans la lettre.

le Duché de Varsovie, où, soi-disant, j'ai en-
gagé mon honneur, comme je vous ai dit, que
ceux-là je les ai entraînés à un soulèvement;
j'en ai fait pour eux ce que j'ai pu, et quoique
vainqueur, cela me coûtait pas mal de travail à
mon cabinet. — Vous donner un prince français? Dame, ce serait embraser une guerre
dans le Nord; ce serait une imprudence à la
France d'y penser. Il faudrait d'abord lever quatre circonscriptions en avant, ruiner la France
pour le simple plaisir de faire la guerre. Il ne
faut faire la guerre que quand on (y) voit ses
avantages. Puis, vous avez vu comme la guerre
est difficile pour mes Français dans votre pays;
le climat ne leur convient pas: il manque à ma
troupe le vin, sans lequel ils gagnent des ma-
ladies, bref, les Français ont de la répugnance
pour les campagnes du Nord, donc, — messieurs, je ne veux pas m'attirer une guerre
éternelle avec la Russie. Pour la nouvelle Galicie,
peut-être n'y aura-t-il pas de difficulté; mais,
pour l'ancienne, les Russes n'en voudront rien
entendre parler. Cependant, il faut voir [55]. »

55. « Ici Sa Majesté a fini de continuer à parler et nous con-
gédia », écrit le général Bronikowski dans la suite de sa lettre.
« J'ai été après l'audience finie, stupéfait du discours de Sa Majesté, ayant eu deux fois audience avant l'arrivée de ces deux
messieurs, et tout ce qu'on m'avait dit alors était bien opposé aux
ménagements des Russes. Sans dire mot à mes camarades, j'ai
été voir tout seul M. Maret avec les chagrins dans l'âme, lui
faisant sentir que voilà l'audience finie et nous voilà perdus. J'ai
l'idée de penser, lui dis-je, d'attribuer le langage de Sa Majesté à
un langage politique, qu'il voulait masquer peut-être ses intentions devant MM. Potocki et Matuszewicz, les connaissant comme
des personnes dévouées à la maison Czartoryski... M. Maret n'a
fait que rire sur mes observations, et m'a dit : Je ne puis rien
changer au discours de Sa Majesté, cependant il ne faut pas dé-

VI. — Décision concernant la garde

Paris, le 4 mars 1810 [56].

Le ministre ne doit jamais faire aucune proposition [57] pour ma garde, que je ne la lui ai demandée.

NAPOLEON.

VII. — Décret concernant l'organisation du corps Dombrowski

A Mayence, le 18 avril 1813.

Napoléon, empereur des Français, roi d'Italie, protecteur de la Confédération du Rhin, mé-

sespérèr et il faut voir ce que les circonstances peuvent amener. Nous avons donc après cela travaillé aux différents projets sur le partage de la Galicie. » Ce document est publié par Skalkowski (Pour l'honneur du nom polonais, Léopol 1908, p. 431-6) et cité par Askenazy (PRINCE JOSEPH PONIATOWSKI, p. 177-8, 297-8).

56. *Archives administratives de la guerre*, dossier du général Bronikowski.

57. En marge d'un rapport que le ministre de la guerre, duc de Feltre, présenta le 28 février 1810 : « Par un décret du 18 février dernier, Sa Majesté a nommé le général Bronikowski, commandant de l'ex 2ᵉ légion de la Vistule, général de brigade dans les armées françaises. Ce général étant grand dignitaire et cordon rouge du grand Duché de Pologne, Sa Majesté jugera peut-être qu'à raison de la considération que lui donnent ces titres accordés à des services distingués, il serait convenablement placé à la tête des chevau-légers de Sa garde. Alors le commandement supérieur de ce régiment serait, comme celui des autres corps de la garde, confié à un général, et M. Krasinski continuerait d'être attaché comme colonel aux chevau-légers de la garde. Si Sa Majesté agrée cette proposition, j'aurai l'honneur de lui soumettre un projet de décret.

diateur de la Confédération suisse ,etc., etc. [58].
avons décrété et décrétons ce qui suit:

« ARTICLE PREMIER. — Le corps polonais qui
est à Vetzlar, sous les ordres du général Dombrowski sera formé en deux régiments d'infanterie et deux régiments de cavalerie, lanciers.

« ART. 2. — Chaque régiment d'infanterie sera
composé de deux bataillons, chaque bataillon,
ayant six compagnies, dont une de grenadiers
et une de voltigeurs. Il y aura, par compagnie,
un capitaine, trois lieutenants ou sous-lieutenants: total quatre officiers. Le reste sera organisé comme dans les troupes françaises.

« ART. 3. — Chaque régiment de cavalerie
sera composé de quatre escadrons, chaque escadron ayant deux compagnies organisées
comme celles françaises. S'il y a trop d'officiers, on en mettra un de plus par compagnie.

« ART. 4 .— Les régiments d'infanterie porteront les numéros 2 et 14; ceux de cavalerie
porteront les numéros 2 et 4.

« ART. 5. — Il sera formé une compagnie
d'artillerie à cheval pour servir six bouches à
feu.

« ART. 6. — Le général Dombrowski commandera ces quatre régiments. Il aura sous ses
ordres un général de cavalerie, un d'infanterie
et deux adjudants commandants, chefs d'état-major.

58. A. F. [IV] pl. 6114. (*Archives nationales*). En marge : Expédié le 18 avril au prince major général, au payeur général de l'armée, à l'ordonnateur en chef et à l'inspecteur en chef aux revues et, le 22, aux ministres de la guerre, du trésor et des relations extérieures. Expédié le 4 mai au ministre directeur (de l'administration).

Art. 7. — Tous les généraux ou officiers, qui n'entreront pas dans la nouvelle organisation, se rendront à Mayence, pour être employés par monsieur le duc de Valmy, selon leurs capacités et grades.

« Art. 8. — La solde sera payée au compte de notre trésor, à compter de janvier 1813 et sur le même pied que la solde des troupes françaises; les fonds seront faits par la caisse de réserve nº 1, et par le payeur de l'armée du Mein.

« Art. 9. — Il n'y aura qu'une seule comptabilité pour les quatre régiments et pour l'artillerie. Le conseil d'administration fera recette des 200 000 f. qui ont été fournis par la caisse des relations extérieures. Tous les fonds nécessaires à l'équipement, habillement, etc. seront pris sur les fonds de réserve des relations extérieures.

« Art. 10. — Le matériel de l'artillerie sera fourni par le commandant de l'artillerie de l'armée du Mein. Il sera formé une compagnie du train d'artillerie avec les chevaux employés à atteler les fourgons d'équipages du corps polonais.

« Art. 11. — Le duc de Valmy chargera l'inspecteur aux revues et l'ordonnateur de la 26e division de régulariser la comptabilité de ce corps et de faire compléter son habillement et son équipement.

« Art. 12. — Notre major général et notre ministre de la guerre sont chargés, chacun en ce qui le concerne, de l'exécution du présent décret. »

NAPOLEON.

VIII. — Décret concernant l'organisation
du régiment de la Vistule [59]

Au quartier impérial de Dresde, le 18 juin 1813.

Napoléon, empereur des Français, roi d'Italie, protecteur de la Confédération du Rhin, etc., etc. nous avons décrété et décrétons ce qui suit:

« ARTICLE PREMIER. — Les quatre régiments de la Légion de la Vistule n'en formeront dorénavant qu'un seul sous le titre de *Régiment de la Vistule.*

« ART. 2. — Ce régiment sera composé de deux bataillons, chaque bataillon de six compagnies, chaque compagnie de cent quarante hommes.

« ART. 3. — Il sera formé à Wittenberg *par* [60] le général Lapoype; à cet effet tout ce qui appartient à la Légion de la Vistule, et qui se trouve à Erfurt ou à Magdebourg, se rendra à Wittenberg.

« ART. 4. — Tous les hommes que la Légion de la Vistule a au dépôt en France seront également dirigés sur Wittenberg.

« ART. 5. — Les ordres seront donnés pour que tout ce qui est nécessaire à l'habillement et à l'équipement de ce régiment soit fait au dépôt de la Légion de la Vistule.

« ART. 6. — Les 4e, 7e et 9e régiments d'infan-

---

59. *Archives nationales.* A. F. ɪᴠ pl. 6257. En marge : Expédié le 19 juin au major-général, au directeur de l'administration de l'armée, à l'intendant général et au ministre des relations extérieures.

60. Biffé : sous la direction.

teric polonaise seront formés en un seul régiment qui prendra le titre de *4o Régiment polonais.*

« ART. 7. — Ce régiment sera composé de
deux bataillons, chaque bataillon de six compagnies et chaque compagnie de cent quarante
hommes.

« ART. 8. — Il sera formé à Wittenberg, sous
la direction du général Lapoype; a cet effet, tout
ce qui appartient à ces régiments et qui se trouve
à Erfurt ou à leurs dépôts, sera dirigé sur Wittenberg.

« ART. 9. — Les deux régiments ci-dessus
continueront à être à notre solde, ainsi qu'ils
l'ont été jusqu'à présent.

« ART. 10. — Nos ministres de la guerre, de
l'administration de la guerre et du Trésor sont
chargés, chacun en ce qui le concerne, de l'exécution du présent décret, qui sera communiqué
directement au major général pour être sur
le champ exécuté.

NAPOLEON.

IX. — Décret concernant l'organisation
du corps polonais [61]

Dresde, le 27 juin 1813.

Napoléon, empereur des Français, roi d'Italie,
protecteur de la Confédération du Rhin, etc., etc.
nous avons décrété et décrétons ce qui suit:

---

61. *Archives nationales*, A. F. IV pl. 6286. En marge : Expédié le 27 juin au major-général, à l'intendant, au directeur de
l'administration de l'armée, au ministre des relations extérieures;

Organisation du 8e corps

TITRE Ier

De l'infanterie.

« ARTICLE PREMIER. — Il sera formé de l'infanterie arrivée avec le prince Poniatowski, cinq régiments d'infanterie polonaise qui porteront les numéros de 1er, 8e, 12e, 15e et 16e.

« ART. 2. — Les dépôts des 3e, 6e et 13e régiments seront incorporés dans les 5 régiments ci-dessus.

« ART. 3. — Ces cinq régiments, joints aux deux régiments nos 2 et 14e, organisés par notre décret du 18 avril — au corps du général Dombrowski porteront l'infanterie du 8e corps à 7 régiments.

« ART. 4. — Chaque régiment sera de 2 bataillons, chaque bataillon de 6 compagnies, dont une de grenadiers et une de voltigeurs.

« ART. 5. — Les 1er, 8e, 12e, 15e et 16e régiments seront organisés par le prince Poniatowski en présence d'un inspecteur aux revues français, qui tiendra procès-verbal de leur formation, dans les journées du 25 juin au 1er juillet.

le 3 juillet aux ministres du trésor, de la guerre et de l'administration de la guerre. Le projet de ce décret était le 24 juin présenté au prince Joseph Poniatowski. Voir *Correspondance de Napoléon*, t. XXV, lettre à Maret, 24, vi, 1813 : « Monsieur le duc de Bassano, vous trouverez ci-jointe l'organisation que je veux donner au corps du prince Poniatowski. Apportez-la moi à signer demain matin au lever, après lui avoir demandé ses observations. » Le projet avec les observations de Poniatowski sur l'organisation de l'infanterie et de la cavalerie était publié après le texte gardé aux *Archives Nationales*, A. F. iv 1660, par *Skalkowski : « Pour l'honneur du nom polonais »*, p. 180-6.

« Art. 6. — Chaque régiment aura un colonel, il aura un colonel en second ou un major autant qu'il existera des officiers de ce grade à employer. Dans le cas contraire il n'en sera pas nommé.

« Art. 7. — Le 2ᵉ et le 14ᵉ régiments conserveront un dépôt commun établi à Dusseldorf.

« Art. 8. — Les 1ᵉʳ, 8ᵉ, 12ᵉ, 15ᵉ et 16ᵉ régiments auront un dépôt commun, formé de 4 cadres de compagnies et commandé par un major. Ce dépôt sera placé à Dresde.

« Art. 9. — Chaque régiment aura un officier payeur. Les 1ᵉʳ, 8ᵉ, 12ᵉ, 15ᵉ et 16ᵉ régiments auront un seul quartier-maître qui résidera à leur dépôt. Les 2ᵉ et 14ᵉ régiments auront également un seul quartier-maître qui résidera à leur dépôt.

« Art. 10. — Dans le cas où il resterait des capitaines, lieutenants ou sous-lieutenants qui ne seraient pas employés par la nouvelle organisation, il pourra être placé un officier de plus dans chaque compagnie.

TITRE II

De la cavalerie

« Art. 11. — Il sera formé de la cavalerie arrivée avec le prince Poniatowski, 6 régiments de cavalerie légère sous les numéros, 1, 3, 6, 8, 13 et 16, un régiment de cuirassiers et un régiment d'avant-garde, ce qui, joint aux 2 régiments n° 2 et 4 organisés par notre décret du 18 avril au corps du général Dombrowski, portera le nombre des régiments de cavalerie légère à 8 et celui de toute la cavalerie du 8e corps à 10 régiments.

« ART. 12. — Le 1er régiment sera formé du 1er et 5e chasseurs.

« Le 3e du 3e et du 11e lanciers.

« Le 6e du 6e et 18e lithuanien lanciers.

« Le 8e du 8e et du 12e lanciers.

« Le 13e du 13e et des restes du 10e hussards, existant dans la cavalerie du 8e corps et dans les dépôts.

« Le 16e sera formé du 16e et du 20e lithuanien, lanciers.

« Le 14e cuirassiers sera mis au complet de 2 escadrons avec ce qu'il y a d'hommes et de chevaux, soit appartenant à ce régiment, soit détaillé, propre à cette arme dans les corps et dans les dépôts. Le régiment d'avant-garde sera formé de tous les hommes de cette arme existant dans les 3 régiments actuels.

« ART. 13. — Chaque régiment, à l'exception du 14e cuirassiers, qui ne sera que de 2 escadrons, sera de 4 escadrons, chaque escadron de 2 compagnies, organisé sur le même pied que les régiments de chasseurs français.

« ART. 14. — Il y aura, pour chaque régiment, un major, un quartier-maître et un dépôt. Tous les dépôts des 8 régiments seront placés à Dresde. Ceux du 2e et du 4e resteront à Dusseldorf.

« ART. 15. — S'il existe un plus grand nombre de chefs d'escadrons, que n'en admet l'organisation sur le pied français, il pourra en être attaché un à chaque escadron. Dans le cas où les capitaines, lieutenants ou sous-lieutenants existants ne pourraient pas être tous employés par l'organisation française, il pourra être placé un officier de plus dans chaque compagnie.

« Art. 6. — Si le nombre des colonels était supérieur au nombre des régiments fixés, les colonels surnuméraires pourront être placés comme colonels en second.

« Art. 17. — Les 6 régiments de cavalerie légère, le régiment de cuirassiers et le régiment d'avant-garde seront formés par et sous les ordres du prince Poniatowski et en présence du général comte de Valmy et d'un inspecteur français aux revues qui dressera procès-verbal de leur formation.

TITRE III

De l'artillerie et du génie.

« Art. 18. — L'artillerie, arrivée avec le prince Poniatowski, servira une batterie d'artillerie à cheval de 6 pièces; ce qui, joint à la batterie de 6 pièces organisée par notre décret du 18 avril au corps du général Dabrowski fera 2 batteries d'artillerie à cheval ou 12 pièces.

« Art. 19 .— Tout le reste de l'artillerie venue avec le prince Poniatowski sera formé en 6 compagnies d'artillerie à pied, et un bataillon du train.

« Art 20. — Il sera formé une compagnie de sapeurs avec son caisson d'outils.

« Art. 21. — L'artillerie, le train d'artillerie et la compagnie de sapeurs auront une seule et même administration.

TITRE IV.

Des équipages militaires et de la gendarmerie

« ART. 22. — Il sera organisé une compagnie des équipages militaires, composée de 40 caissons avec une forge et une prolonge.

« ART. 23. — Il sera organisé, au moyen de la gendarmerie existante , une compagnie de gendarmerie dont l'administration sera réunie à celle du régiment de cuirassiers, où cette compagnie comptera comme un escadron.

TITRE V.

De la formation en divisions et brigades

« ART. 24. — Le 8ᵉ corps sera formé en 2 divisions d'infanterie et 2 de cavalerie.

« ART. 25. — La première division d'infanterie sera de 4 régiments et la 2ᵉ de 3. Il pourra y être joint le régiment de la Vistule et le régiment nᵒ 4, organisé par notre décret du 18 juin, ce qui portera le nombre des régiments à 9; en sorte qu'il y en aura 5 à la 1ʳᵉ division et 4 à la 2ᵉ. Chaque division d'infanterie aura deux brigades.

« ART. 26. — Chaque division de cavalerie sera de 4 régiments divisés en 2 brigades, chaque brigade de 2 régiments. Il sera statué ultérieurement sur la destination du régiment de cuirassiers et du régiment d'avant-garde.

TITRE VI

État-major

« Art. 27. — Le 8ᵉ corps ou corps polonais sera commandé par le prince Poniatowski, qui aura le même rang et le même traitement que les maréchaux de notre empire.

« Art. 28. — L'état-major général sera composé de:

« Un général de division, chef d'état-major;

« Un général de brigade, sous-chef d'état-major;

« Un adjudant commandant;

« Quatre adjoints à l'état-major;

« Un commissaire ordonnateur;

« Un commissaire des guerres;

« Un inspecteur aux revues;

« Un payeur général;

« Un caissier;

« Un colonel commandant l'artillerie;

« Un colonel commandant le génie;

« Quatre officiers du génie;

« Un major commandant la gendarmerie;

« Un major vaguemestre général.

« Art. 29. — L'état-major de chaque division, tant d'infanterie que de cavalerie, sera composé comme il suit:

« Un général de division;

autant de généraux de brigades qu'il y a de brigades dans la division;

« Un adjudant commandant;

« Deux adjoints à l'état-major;

« Un officier supérieur d'artillerie;

« Un officier du génie;

« Un sous-inspecteur aux revues;

« Un commissaire des guerres

« Un vaguemestre;

Chaque général de division ou de brigade aura le nombre d'aides-de-camp déterminé par le règlement français.

« Art. 30 .— Le prince Poniatowski présentera à notre major général les généraux de division et de brigade, les adjudants commandants et les adjoints à l'état-major. Toutefois il ne sera fait aucune promotion. Les divisions où il manquerait un général de division seront commandées par un général de brigade, et les brigades où il manquerait un général de brigade, par un des colonels.

TITRE VII

De l'administration et de la solde

« Art. 31. — Les différents corps et régiments seront administrés, conformément au présent décret, suivant les formes de l'armée française.

« Art. 32. — La solde de tous les grades sera payée conformément aux règlements existants pour l'armée du Duché de Varsovie, à l'exception de ceux des officiers généraux qui, étant précédemment au service de la France, ont conservé la solde de leur grade en France. Les officiers généraux et les colonels jouiront des mêmes traitements de table et de représentation qui seraient accordés à leurs grades par les règlements français.

« Art. 33. — Si, après l'exécution des articles 6 et 10 pour l'infanterie et 14 et 15 pour la cavalerie, il reste des officiers sans emploi, il en sera formé des compagnies de gardes d'honneur, à raison de 100 officiers par compagnie. Ces officiers continueront à jouir de la solde de leur grade actuel.

« ART. 34. — Notre major général et nos ministres des relations extérieures et du trésor sont chargés, chacun en ce qui le concerne, de l'exécution du présent décret.

NAPOLEON.

X. — Allocution de Napoléon aux officiers polonais (du 28 octobre 1813[62])

En avant de Schlüchterne[63], dans le courant de la marche, l'Empereur, passant devant les Polonais appela le prince Sulkowski et, après l'avoir bien accueilli, il lui demanda : « Est-il vrai que les Polo-

62. Après « Précis historique sur le 8ᵉ corps depuis la mort du prince Joseph Poniatowski jusqu'au moment où le prince Antoine Sulkowski qui lui avait succédé dans le commandement de ce corps, le quitta du consentement de l'empereur Napoléon ». Ce « précis », dont les copies sont gardées dans les archives de la famille princière de Sulkowski à Rydzyna (Posnanie) et parmi les manuscrits de la Bibliothèque de l'Université à Cracovie, est de la main d'un des officiers de l'état-major de Sulkowski ou de la main du prince lui même. Le texte du discours de Napoléon, rapporté dans le « précis » est préférable à ceux qu'on trouve dans le vingt-sixième volume de la *Correspondance* (p. 385-7). Deux autres versions, celle de la main de Jean Skrzynecki et celle de François Morawski, sont publiées par le professeur Askenazy dans la revue « Kwartalnik historyczny », Léopol 1899, p. 73-83).

63. *Sur la chaussée de Fulda*, par Gelnhausen à Hanau.

naîs veuillent me quitter? » « Oui, Sire, ils vous demandent, étant tout à fait insignifiants déjà par leur nombre, de leur permettre de retourner dans léurs foyers, où, quand vos victoires vous ramèneront, vous les retrouverez comme un noyau d'armée; ils supplient, en conséquence, Votre Majesté de leur accorder un décret qui les autorise à cette démarche. » L'Empereur répondit à cela vaguement: « Comment voulez-vous que je renvoie les soldats, ils seront forcés de servir contre moi, et je voudrais bien garder aussi ceux des officiers qui désireraient rester. Individuellement cependant, je ne m'oppose pas à ce que (ceux) qui ont des intérêts urgents chez eux, s'en aillent. » Et, s'adressant au prince: « Me quitteriez-vous aussi? » « Sire, n'ayant voulu être toujours que l'organe de la masse, mes compatriotes auraient droit de se plaindre de moi, si je n'envisageais que mon intérêt personnel, et, en outre, je me suis lié par ma parole de ne pas dépasser le Rhin ». L'Empereur reprit alors: « Leur décision est-elle bien inaltérable? Que pensez-vous, si je leur parlais, cela ne les ferait-il pas changer d'opinion? » Je ne crois pas, Sire, mais daignez le faire ». Le prince Sulkowski était enchanté que cette idée fût venue à l'Empereur, sûr, après tout ce qui s'est passé, que ce discours resterait infructueux; il espérait se disculper ainsi aux yeux de l'Empereur de tout soupçon que le désir universel de partir pouvait jeter sur lui. Tous les officiers furent donc arrêtés autour de l'Empereur qui ordonna qu'aucun Français ne restât avec lui, outre le prince de Neuchâtel et le duc de Vicence, et Napoléon parla ainsi:

« Votre chef vient de me dire que vous retournez dans votre patrie. — Il est vrai, vous avez rempli tous vos engagements envers moi. Vous vous êtes toujours très bien battus, vous avez constamment eu une conduite brillante, vous ne voulez me quitter qu'après m'avoir reconduit dans mon empire, et, voyant que vous êtes trop peu nombreux pour m'être utiles. Je ne puis rien désirer de plus, vous êtes de braves gens; ainsi envers moi vous vous êtes tout à fait acquittés; mais il vous reste des devoirs envers votre patrie. Vous me demandez un décret qui vous autorise à vous en retourner en masse. Je ne puis vous le donner; cela pourrait avoir de grandes conséquences. Les Polonais qui sont à Dantzig, Modlin, et Zamosc, pourraient s'en prévaloir, et ces places tomberaient. Je vous répète que, quant à moi, il ne vous reste rien à faire de plus; mais comme homme d'Europe je vous conseille de rester avec moi. Individuellement je permettrai à chacun de s'en retourner, mais je ne peux décréter le renvoi de la masse. — Ce sont des polissons qui ont fait naître des inquiétudes parmi vous. Je tiens au Duché de Varsovie, c'est le fruit de mon sang.

« Vous êtes inquiets de n'avoir point des ordres de votre roi. Il est resté à Leipzig. C'est moi qui l'ai voulu. Il a désiré me suivre, mais, si je l'avais amené, les Saxons se seraient donné le duc de Weymar pour roi. — Au reste, le roi de Saxe, votre duc de Varsovie, n'était qu'un souverain de circonstance. Je savais bien qu'un Allemand ne vous convenait pas. C'est moi qui suis votre duc. Le roi de Saxe est un homme sans épaules. Ce n'est pas l'homme qu'il vous fallait. J'ai bien voulu que vous fussiez un royaume, lisez le *Moniteur* à cet égard, vous trouverez dans les actes officiels du temps, entre l'Autriche et moi , que la reconstitution de la Pologne était stipulée. Si j'étais resté entre Witebsk et Smolensk, vous existeriez déjà. J'ai été trop loin. J'ai fait des fautes. La fortune, depuis deux ans, me tourne le dos ; mais c'est une femme elle changera. Qui sait, peut-être votre mauvaise étoile a-t-elle entraîné la mienne. Du reste, avez-vous perdu confiance en moi? N'ai-je plus de... dans mes c...? Ai-je maigri? Le 16, j'ai gagné la bataille, le 18, je ne l'ai pas perdue ; le 19, je me retirais. — Un caporal a fait sauter le pont trop tôt, cela m'a coûté à la vérité 12 000 hommes. — Mais si j'avais même perdu la bataille, qu'est ce qu'une bataille perdue? Les Allemands ont pris le mors aux dents, mais je reviendrai, je les...

« Je voudrais bien que les alliés me brûlent deux ou trois de mes bonnes villes en France, cela me donnerait un million de soldats. Je livrerais bataille, je la gagnerais, et je les mènerais tambour battant jusqu'à la Vistule.

« Vous êtes inquiets de ce que le prince Poniatowski n'est plus avec vous. Consolez-vous, il n'est pas mort, il est prisonnier. Il s'est travesti, dit-on, il sait le russe, et il reviendra. Stanislas [64] va arriver, vos ministres aussi, et j'aurai soin de tout cela. Vous n'en seriez pas où vous êtes, si votre gouvernement avait eu plus de vigueur. Votre ministre des finances [65] a fait des sottises. Les Czartoryski m'ont contrarié. Votre levée en masse s'est mal faite. Je vous ai envoyé

64. En parlant du comte Potocki.
65. Thaddée Matuszewicz.

là un abbé[66], un imbécile qui n'a pas bien rempli mes intentions.

« Militairement, maintenant, si peu nombreux, 2 000 hommes, quelque braves que vous soyez, vous ne m'êtes d'aucune importance, mais je vous conseille, pour vos propres intérêts, de rester avec moi. — Je vous enverrai dans l'intérieur de la France. Je vous mettrai tous à cheval. Vous y passeriez tranquillement quelque mois, et quel mal y a-t-il de rester six mois dans un bon climat, un bon pays? Vous serez toujours payés sur les dépenses du ministère des relations extérieures. — Je ferai la guerre tant que mon peuple le voudra. Il faudrait que je meure bien jeune — si je ne répare mes affaires. — La paix ne tardera pas, je penserai alors à vous. Je compte sur l'existence du duché de Varsovie; mais si je suis forcé d'y renoncer, je m'occuperai de vous individuellement. Vous retourneriez alors avec honneur ou vous resteriez avec moi, comme vous voudrez. Si vous retournez à présent, vous vous exposez, vous serez traités comme prisonniers. La paix faite, il y aura un article pour vous. Vous reviendrez libre. Qu'en pensez-vous? »

L'Empereur regarda de tous côtés pour voir l'effet qu'avait produit son discours, et puis, s'adressant à plusieurs individus: « Eh bien! qu'en dites-vous? Je vous conseille d'aller avec moi; mais je vous répète qu'individuellement j'accorderai à tous ceux qui le voudront, la permission de retourner chez eux. Voyons, messieurs, n'ai-je pas raison? » Et l'Empereur répéta alors plusieurs phrases de son discours.

66. Pradt.

L'Empereur avait réussi. C'est le général Tolinski (qui a) dit le premier : « Sire, nous vous suivrons partout ». Plusieurs le répétèrent, le cri devint enfin général, accompagné de l'acclamation ordinaire : Vive l'Empereur. L'Empereur jeta un regard de ... [67] sur le prince Sulkowski, salua l'assemblée et partit.

XI. — Décret concernant la réorganisation des troupes polonaises [68]

Au palais des Tuileries, le 18 décembre 1813.

Napoléon, empereur des Français, roi d'Italie, protecteur de la Confédération du Rhin, médiateur de la Confédération suisse, etc, etc. nous avons décrété et décrétons ce qui suit :

« ARTICLE PREMIER. — Les corps de l'armée polonaise seront organisés de la manière suivante :

1° Deux régiments de lanciers [69], chaque régiment de quatre compagnies, chaque compagnie de 125 hommes (conformément au tableau ci-joint) [70] 1,000

A reporter. . . 1,000

67. Mot illisible.

68. *Archives Nationales,* A. F. ᴵⱽ pl. 6739. En marge : ¡Expédié le 18 du dit aux ministres de la guerre, de l'administration de la guerre et du trésor, avec copie du tableau ci-joint.

69. Barré : polonais.

70. Organisation des deux régiments de lanciers : *Etat-major* : 1 colonel commandant, 1 colonel en second, 2 chefs d'escadron, 2 adjudants-majors, 1 officier payeur, 1 chirurgien major, 1 aide ou sous-aide, total : 9 officiers. 2 adjudants sous-officiers, 1 maréchal vétérinaire, 1 brigadier-trompette, 1 maître armurier,

Report. . .   1,000

2° Un régiment d'éclaireurs de six escadrons, chacun de 250 hommes.   1,500

Le régiment de *Kracus* prendra le nom d'éclaireurs et fera le fonds de ce régiment qui pourra être porté à dix escadrons s'il y a suffisamment d'hommes.

3° Un régiment de la Vistule de deux bataillons d'infanterie, organisés comme l'infanterie française et chaque bataillon de six compagnies.   1,680

4° Une batterie d'artillerie à cheval qui sera attachée à la cavalerie.

5° Quatre compagnies d'artillerie à pied, qui seront formées et complétées à. . . .   500

6° Une compagnie de sapeurs.

TOTAL.   4,680

« ART. 2. — Ces troupes seront payées par le département de la guerre à dater du 1er janvier 1814. Elles jouiront de la même solde et du même traitement que les troupes françaises.

« ART. 3. — Il y aura, à Sedan, un dépôt général des troupes polonaises. Ce dépôt sera sous les ordres du général Dombrowski; il sera commun aux 3 régiments de cavalerie, au régiment d'infanterie et aux troupes d'artillerie.

« ART. 4. — Tous les officiers des différents régiments polonais qui ne seront pas employés dans cette nouvelle organisation, qui voudront

total : 5 hommes d'état-major. *Compagnies* : 1 capitaine, 1 lieutenant, 2 sous-lieutenants, total : 4 officiers. 1 maréchal des logis chef, 4 maréchaux des logis, 1 fourrier, 8 brigadiers, 109 lanciers, 2 trompettes, total : 125 hommes.

entrer dans la cavalerie ou dans l'infanterie française et qui enferont la demande, seront employés dans leur grade eu service de France.

« Art. 3 .— Nos ministres de la guerre, de l'administration de la guerre et du trésor sont chargés de l'exécution du présent décret.

NAPOLEON.

INDEX

TABLE DES MATIÈRES